Weißt du noch das Zauberwort...

Weißt du noch das Zauberwort ...

Poetische Texte,
gesammelt und herausgegeben
von
Kristiane Allert-Wybranietz

Mit Fotografien von
Kristiane Allert-Wybranietz
und Volker Wybranietz

WILHELM HEYNE VERLAG
MÜNCHEN

Copyright © 2000 by Wilhelm Heyne Verlag GmbH & Co. KG, München
Einzelrechte: Siehe »Die Autoren«
Gesamtgestaltung: Eisele Grafik · Design, München
Umschlagfoto: Tony Stone, Pal Hermansen
Satz: Kort Satz GmbH, München
Druck und Bindung: RMO-Druck, München
Printed in Germany
ISBN 3-453-17318-X

Ein Gedanke

Wer mit dem Herzen denkt,
braucht sich
über seine Herzensangelegenheiten
nicht mehr
den Kopf zerbrechen.

Ernst Ferstl

Auf dem Drahtseil
immer wieder
Lebens-Übungen

Am Boden
die Freunde
ihre Arme
das Netz

Helga Hochmann

Ein Jahr auf der Achterbahn

Seit wir uns trafen,
Gab es Tage voll Glück,
Stunden des Zweifelns,
Banges Fragen,
Genervtes Warten,
Lachende Herzen,
Strahlende Blicke,
Zärtlich vertraute Berührungen.
Unsere Gefühle fuhren
Ein Jahr auf der Achterbahn.

Steig mit mir
In den nächsten Wagen.

Wolfgang Hunsicker

Kurzschlußgefahr

Der Strom
fließt.
Die Spannung
steigt.
Wie stark
sind
unsere
Sicherungen?

Heike Busch

Ich will tauschen

Tausche
sündteure Luxusgüter
gegen eine Kombipackung
Zufriedenheit und Dankbarkeit.

Tausche
einen randvollen Terminkalender
gegen ein Überraschungspaket
zu Herzen gehender Augenblicke.

Tausche
extragroße Zweifel und Ängste
gegen eine Familienpackung
Vertrauen und Geborgenheit.

Tausche
ein Leben voll Haben
gegen ein Leben
voll Sein und Sinn.

Ernst Ferstl

Kleinstadt

Kleinstadt,
du widerwärtiges kleines Miststück,
ausgeliefert, behelligt, beglotzt
verbring' ich in dir meine Tage.
Meine Zeit
verlier' ich in dir.
Nach links grüßend
und nach rechts auch,
manierlich ein paar Worte wechselnd
wünsch' ich mich ganz weit fort.

Reinhard Dudda

Ein Kirchgang

Mächtige Kerzen
getragen von purem Gold
Eichenbänke in Reih und Glied
Heiligenfiguren
mit Übergewicht und Silberblick
seidenumwobene Amtsträger

mein Blick fällt
auf die kleine Pflanze
eingetopft in eine Ecke gedrängt
da entdecke ich plötzlich
den Glanz Gottes

Christian Lück

Barfuß im Regen,
Kids in schlammiger Pfütze,
Glück trägt keinen Schuh.

Sigrid Beuss

Schutzimpfung

Schutzimpfung gegen Träume und
abweichende Gedanken
denn ansteckende Krankheiten
kommen nur noch in Geschichten vor

den Arm freimachen
nur nicht hinschauen
die Angst traumlos zu sein ängstigt mich
auf abweichende Gedanken zu verzichten
wird heute schon wärmstens empfohlen

und einmal entschieden
ist Reue sinnlos
schon ist alles vergessen
auch die Schutzimpfung selbst.

Ingo Cesaro

Das dunkle
Tal der
Einsamkeit
erblüht
im Lächeln
deines Gegenübers.

Susanne Schulzke-Benz

Heute kein Gedicht

Meine Feder irrte kratzend über das Papier
Lustlos und träge quälte sie sich vorwärts
Sie ließ mühsam Verse aus dem Nichts entstehen
Und hinter hastigen Strichen dorthin zurückkehren

Nun prasselt der Regen ans Fensterglas
Und trommelt mich aus meinen Träumen
Der unruhige Wind entführt lachend meine Gedanken
Und trägt sie fort mit den Wolken

Zu einem anderen Tag, einer anderen Stunde
In der mich vielleicht die Muse küßt
Heute ist jedes angefangene Blatt
Und jeder Hauch von schwarzer Tinte

Leider vergebene Liebesmüh
Die Bühne der Poesie bleibt ohne Licht
Und am geschlossenen Vorhang sagt ein Schild
Heute ... kein Gedicht

Patric Hemgesberg

Spuren im Schnee

Ich lief lange im Kreis
Und brach im Eis
Des Lebens nicht selten ein
Aber ich werde nicht so töricht sein
Zurückzublicken
Auf meine Spuren im Schnee

Im dichten Schneetreiben
Verlor ich Freunde aus den Augen
Sie bleiben ... ein Stück
In meiner Erinnerung
Aber ich sehe nicht zurück
Auf meine Spuren im Schnee

Das karge Land, das weiße Licht
Sie machten mich blind
So wußte ich manchmal nicht
Daß ich die falschen Wege gehe
Jetzt weiß ich, wo sie sind
Aber ich sehe nicht zurück
Auf meine Spuren im Schnee

Denn Spuren im Schnee
Verweht der Wind
Oder sie sind
Wie winterliches Leid
Spätestens
In der warmen Frühlingssonne
Dem Untergang geweiht

Patric Hemgesberg

Veränderung

Das Meer war
hinter mir:
grau, kalt und ruhig.
Ich habe mich
umarmt.
Als ich mich wieder
umdrehte,
war alles anders:
blau, warm, lebendig.
Ich war mir
genug.

Silvia Preda

Worte im Zorn

Magst du dich winden
in Wogen ehrlicher Reue
magst du millionenfach
dich entschuldigen
für harte im Zorn
geschleuderte Worte
die so leicht zerstören
statt einen Moment zuvor
dich mit dir zu beraten
ob sie notwendig
ob sie gerecht sind

Mag der andere Verzeihung
gewähren ehrlichen Willens
schulterzuckenden Gleichmut zeigen
weil die Zeit verschleiert
die Keime der Worte bleiben gelegt
wohin sie geworfen
verkümmern nicht, treiben Stacheln
winzige erst

die sich zu Dornen erwachsen
deren Spitzen sich in die
Seele bohren
Harmonien zerstechen
Vertrauen perforieren

Waltraut Ulrich

Eisberg

Du sagst,
ich sei ein Eisberg,
dem die Natur
zwei Sterne vom Tropenhimmel
als Augen
gab.
Ich bin
ein sehender Eisberg …
Könnt' ich
auch reden,
würd' ich
dir sagen,
es gibt Eisbrecher:
Sei einer!

Silvia-Doris Upmann

Weg durch den Park ...

So oft gegangen:
An der Hand der Mutter,
Im Arm des Liebsten,
Am Arm meines Mannes,
Auf dem Arm meinen Sohn.
Weg durch den Park – allein.
Die Bäume kennen mich gut.

Silvia-Doris Upmann

Wunderheilung

Wenn du wiederkommst
schlägt mein Herz
die Augen auf
springt
vom Sterbebett
und jauchzt
dir entgegen

Monika Peters

Jahrhundert

Wie oft
neue Teilung
der Länder;
fremde Herren
galoppieren,
bis die Rosse
verenden.
Licht
aus der Herberge,
kein Licht,
denn das Dach brennt
lichterloh,
die Städte,
die Erde.
Kein Ankömmling
wird begrüßt,
doch immer bewegt
der wechselnde Wind
den schlaffen Körper
eines Gehenkten.
Wie ängstlich die Sprache,

sie tauscht die Worte
Freiheit und Gewalt
nach der Parole des
Tages –
Mancher verlor sein
Gedächtnis,
Erinnerung gilt als
verbotene Konterbande,
wo sie als Trost im
Herrgottswinkel leuchtet,
wird der Nachbar
Verrat entdecken.
Die Türen sind offen-
zuhalten, und Furcht
erwartet den nächtlich
Eintretenden, wenn er
bei laufendem Motor
auffordert, ihm zu folgen
in die ständig neuen
unmenschlichen Lager
des zwanzigsten Jahrhunderts.

Ingrid Würtenberger

ideen

es war einmal

meine idee.

extrem genial
menschheitsverändernd
lösung für alle probleme.

der chef wunderte sich
die vorsitzende erregte sich
der aufsichtsrat lobte mich
die kommission warnte mich
der abgeordnete gratulierte sich
die regierung beeilte sich

sie
einzulagern:

museumsstr. 1
4. Stock
Schublade 302

Wolf Buchinger

wie noah
(wohin die reise geht)

nimm
alle erinnerungen in quarantäne
mit auf dein lebensschiff
lass dich nicht treiben
in der strömung
der zeit

setze
segel der zuversicht
auch gegen den wind
den rechten weg zu finden
in der wasserwüste des lebens

werfe
aus den anker des glaubens
denn der weg ist das ziel

Heinz Stein

fossil

zu stein gewordener schrei
im brustkorb meiner seele
immer wenn mein atem stockt
und der schweiß
wie wild geworden
aus den poren schießt
hör ich ihn
im dunkeln weinen

Rudolf Kraus

Die Spiegel
haben die schlechte
Angewohnheit
ins Dunkle
zu schauen

Emilio Paolo Taormina

Trauerhandwerk

Du bist gegangen.

Die halbe Erde zwischen uns
oder Sonne und Mond.

Ich weiß es nicht.

Oder die Sterne?
Oder der Wind?

Versteinerte Tränen
halte ich in meiner Hand.

Steinmetz bin ich
oder Goldschmied.

Tränensteine hab' ich
und fertige Ketten
den Schrei meiner Ohnmacht
anzubinden.

Trauerhandwerk.

Manuela Koch

Krisenzeiten

»Ich habe eine Krise!«

stöhnst du
und tust so,
als seien plötzlich
die Pest
die Windpocken
oder ein böser Geist
über dich gekommen.

Siehst du denn nicht,
daß du die Krisenfäden
selbst um dich gesponnen hast?

Lebenslang in Heimarbeit,
Tag und Nacht und handgemacht.

Faden um Faden
selbst um dich gesponnen
hast du dich eingewickelt.

Hast du dich doch absichtlich
so eng eingewickelt,
daß nur ein Sprung nach oben
dich befreien kann.

Ent-wicklung.

Da wolltest du doch hin
oder nicht?

Manuela Koch

Sie war so eng,
die Tür
des Schweigens
daß eure Worte
eine Blutspur
hinterließen

Emilio Paolo Taormina

Findling

Wer bist du,
Granitblock,
mitten im Moorwald?
Bist du
ein unausgesprochenes
kosmisches Wort?
Geronnenes Licht?
Erloschenes Feuer?
Sichtbare Schwerkraft?
Kristalliner Geist?
Bist du
die Träne eines Sternes?
Vogellachen?
Oder der Schatten

meiner Traurigkeit?
Behutsam gleiten
meine Hände
über deinen
rauhen Rücken.
Ich fühl' es:
Du bist,
wie ich,
vor langer Zeit
einem größeren Ganzen
abhanden
gekommen.

Heinrich Wiedemann

Kleine Federn

die Fältchen
um deine Augen

sind wie kleine
Federn

du fliegst
wenn du lachst

Siegfried Unterhuber

Rosenkrieg

Es war einmal
jedes Wort eine Liebeserklärung
jeder Blick eine Liebkosung
mein Lachen schuf die Brücke
auf der du mir entgegenkommen konntest
wir tauschten unsere Gedanken
teilten unser Schweigen
atmeten im Gleichklang
tausendundeine Nacht lagen vor uns
dachten wir

Du fandest mein Lindenblatt
ich das deine

jedes Wort eine Kriegserklärung
jeder Blick ein Giftpfeil –
Herzlähmung
mit letzter Kraft balle ich meine
Hand zur Faust
bleiern
fällt sie ins Nichts
verzweifelt
suche ich nach einem Lächeln
in deinem Gesicht –
nur
verbrannte Erde bleibt zurück
die Sanduhr wieder einmal
abgelaufen
mit jedem Male werden wir
dünnhäutiger

Es war einmal

Anita Hopf-Kordes

Verborgenes Erbe

Samen, den wir ausgestreut,
wächst auf unsrer Spur.
Manche Blume uns erfreut,
manch ein Hälmchen nur.

Wer besonders reich gesät
frei mit Herz und Hand,
blickt zurück, und er erspäht
Blüten, wo er stand.

Sigrid Mayr-Gruber

Eckstein

Ein Stein lag im Weg,
jeder, der vorbeikam, stieß sich daran.

Wir müssen einen Plan machen,
wie der Stein zu entfernen ist,
sagten die Beamten und bestimmten
einen Planungsausschuß.

Wir müssen den Stein untersuchen,
seine Existenzberechtigung diskutieren
und sein Stein-Sein an sich hinterfragen,
sagten die Wissenschaftler.

Wir müssen eine Plenarversammlung
einberufen,
Vorschläge zur Diskussion stellen
und sie dann in geheimer Sitzung zur
Abstimmung bringen,
sagten die Politiker.

Wir müssen dagegen demonstrieren,
von denen da oben kommt ja nichts,
da brauchen wir gar nicht darauf zu warten,
murrte das Volk.

Da kam ein Kind, nahm den Stein liebevoll auf
und legte ihn behutsam
an die Ecke des Hauses.

Rosemai M. Schmidt

für christian

weiß und unberührt
wie ein
unbeschriebenes blatt
liegst du vor mir
gleichst dem jahr
das vor uns liegt
gerade begonnen
frisch wie
eben gefallener schnee
noch unbespurt
und doch schon beladen
mit hoffnungen
ängsten
sehnsüchten
herübergerettet
vom vergangenen jahr
ein neuer anfang?

Sabine Kuhn

Frei

meine Gedanken sind frei
sie tanzen und springen
nehmen ein Sonnenbad
und duschen im Regen
setzen sich
auf den Löwenzahn
und schwatzen
mit den Bienen
bevor ich sie
wieder wegsperre

Brigitte Weigelt

Wir tun so

Wie Seiltänzer
schweben wir
über dem Abgrund.
Wir schließen die Augen
und tun,
als ob wir sähen.

Wir stopfen Ozonlöcher
mit Worten
und reinigen Flüsse
mit Versprechungen.

Wir verfluchen Kriege
vor dem Fernseher
und bekämpfen Armut
mit Konferenzen.

Wir tun,
als ob wir
was täten.

Adolf Berger

Schwingungen

Ein Schatten fällt
auf die Gedanken
an die Zeit mit dir,
die grelle Gegenwart
verdrängt dein Bild.

Was bleibt,
sind ein paar Worte,
gekritzelt auf Papier
und eine Schwingung der Gefühle.

Adolf Berger

Gefühlsexil

gestern nach
unserem letzten Gespräch
sah mein Gefühl für dich
keine andere Möglichkeit
als abzudanken
und ins Exil zu gehen

Dirk Levsen

Verunglückte

Täglich
verunglücken Menschen
in Einsamkeit,
sterben
in den Wurzeln
ihres Ichs
an den Unbedachten
oder stürzen
ins Tal
der Krankheit.
Verunglückte der Seele
schweigen im Schmerz
ihrer Narben.

Petra Ewers

Im Eisschrank aufgewachsen
unfähig Wärme anzunehmen
aus Angst vor der
nicht einschätzbaren Auftaureaktion

Iris Strecker

Aus der Wärme
meines Traumes
zurückkehrend
in die Wirklichkeit
stolpere ich
über die Leere
des Zimmers
erfriere an der Kälte
des Alltags
stoßen meine Worte
auf taube Ohren
greifen meine Hände
ins Nichts.

Und doch trägt mich mein Traum
ein Stück auf meinem Weg
läßt mich Grenzen überschreiten
und himmelwärts blicken.

Claudia Kurzbuch

Ich hole
ein Stück Blau
vom Himmel
beim Blick
in deine Augen
und schmücke damit
die kahlen Wände
meiner Seele,
dekoriere
mein Innenleben
mit Wolkenfetzen
der Erinnerung
an deine Zärtlichkeit.

Langsam
wird es wohnlich
in mir.

Claudia Kurzbuch

Und das Volk schaut zu

Was ist das Ziel unserer Zeit
In der sie lautstark proklamieren
Von Freiheit, Gleichheit, Einigkeit
Und brüderlichem Konsumieren
Man sucht, durch »positives Denken«
Das Volk von etwas abzulenken

Der freie Wille wird beengt
Zudem gebeugt durch hohle Phrasen
In die gewollte Bahn gelenkt
Durch schwarz-rot-gold'nen Einheitsrasen
Man will das Rückgrat uns erweichen
Und wird's durch Brot und Spiel erreichen

Man wird durch harmlose Tiraden
– Das Fernsehn bringt Beschauliches –
Zum »Abschalten« stets eingeladen
Man sieht gern Leichtverdauliches
Ein Volk, das wahllos konsumiert
Das jedoch kaum mehr registriert

Man ist wohl öfter mal empört
Durch manch schockierenden Bericht
Den man im Fernsehn sieht und hört
Und rückt sich rasch ins rechte Licht
Vielleicht das einer Lichterkette
Auf der man ihn gesehen hätte

Jedoch ansonsten gibt man Ruh'
Und schaut nur zu ...

Lieb Vaterland – magst ruhig sein
Und schalt die Lindenstraße ein ...

Monika Swoboda

Es war
Leuchtend und wunderbar
Tröstend, wie
Morgens die
Sonne das Land aus der Dunkelheit
Hob und der Abend den Streit
Vieler Farben im Dämmerlicht schlichtet
Und allen ein Nachtlager richtet.

Heinz Körtner

The other way

Zog mit andern
nicht am selben Strang
riß sich
an keinem Riemen
den Faden durchs Leben
verloren
seilte er sich ab
um den Hals
die Schlinge

Thomas Griesbacher

Asyl

Flucht ins Labyrinth
fremder Städte
bekleidet mit Narbenmänteln
der Vergangenheit
auf Liebe keinen Anspruch
überschüttet mit Vorurteilen
in den Taschen
grenzenlose Angst

Thomas Griesbacher

Leben willst du

Du suchst die Mitte
möchtest nicht länger
Randfigur sein

nie mehr angepaßt ängstlich
um deine Daseinsberechtigung
buhlen

nach Sicherheit schielen
Wachstum durch Sparbücher belegen
Zeit in Rentenjahren berechnen –

Leben willst du
von innen her
frei die Tage kommen lassen ...

Nur Mut!
Es gibt keine bessere
Lebensversicherung

Ingeborg v. Rumohr-Neumann

Freiheit

Du sagst ich bin arm,
weil mir nur das gehört, was ich bei mir trage.
Dabei besitze ich etwas,
von dem du nicht einmal weißt,
daß du es vermißt.
Nur in deinen schlaflosen Nächten,
in denen du keine Ruhe findest,
ahnst du, daß dir etwas fehlt.
Und deine Träume flüstern dir,
wie wertvoll wahre Freiheit ist.

Annette Hohmann

Seitdem
deine Hände
mein Vogelherz
nicht mehr beschützen
will mir kaum
ein Flügelschlag
gelingen

Brigitte Weigelt

Irgendwo

Jede Mauer
hat IRGENDWO
ein Ende.

Jeder Berg
läßt sich
IRGENDWIE
umgehn.

Über jeden Fluß
führt IRGENDWANN eine
Brücke.

IRGENDWO
wird immer
das Wort
Hoffnung
stehn.

Friederike Weichselbaumer

gleichgültigkeit

hat sich
still und heimlich
einfach eingeschlichen

steht nun
wie ein tiefer see
unüberwindbar zwischen uns

wo ist
die rettende fähre
die mich wieder zu dir bringt?

Sabine Prochazka

Aufarbeiten

Gedanken
zusammenräumen
Die Zufriedenheit
pflegen.
Finstere Gedanken
beleuchten
In die Unruhe
die Ruhe legen.
Die Liebe
abstauben
Der Stille
einen Raum geben.
Alten Schmutz
wegsaugen
Das Leben
in die Mitte
stellen.

Friederike Weichselbaumer

Der süße Brei

Meint ihr,
die Liebe
fließe nach
wie im Töpfchen
der Brei?
Vielleicht
auf das rechte
Zauberwort hin.
Aber:
Wißt ihr es noch?

Almud Thorn

Blind

Blauer Himmel,
nur blauer Himmel,
Glück pur. Das gefiel uns.
Die kleinen Wolken,
die sich da und dort zeigten,
wollten wir nicht sehen
oder taten sie einfach
als Schönwetterwölkchen ab.

Unfaßbar für uns,
als sich eines Tages die Wölkchen
zu gewaltigen Ungeheuern
zusammenballten und es an
unserem Himmel
ganz derbe krachte.

Annegret Kronenberg

Sehnsucht

Das Tor zu meinem Garten
ist nur angelehnt.
Wirst du es bemerken,
einen Blick riskieren?
Der kleine weiße Kiesweg,
der sich durch die Blumenrabatten
schlängelt, endet direkt
vor meiner Tür.
Sie ist nicht verschlossen.
Durch das weit geöffnete Fenster
trägt der Frühlingswind
meine Sehnsucht fort.
Ob sie dir begegnet?

Annegret Kronenberg

Lady July

Die kleine Eule
legt sich schlafen,
wenn ganz früh schon die Sonne
im Osten mit heißen Wangen Schwester Erde umarmt.

Rosen in allen Farben
öffnen die Blütenblätter
und verströmen Sommerrosenduft,
der so unendlich nach Freiheit riecht.

Sie geht träumend den Weg dahin,
– allein –
eine rote Rose in der Hand
und streut Rosenblätter
in den Sommerwind,
der mit ihnen spielt.

Sie öffnet die Arme,
um dies aufzunehmen für die Ewigkeit,
da die Wirklichkeit so vergänglich ist …

wie die entblätterte Rose
in ihrer Hand.

Emely Nakapagorn

Wie lange noch?

Satt und sicher
leben wir
auf geschützter Insel.

Wilde Brandung
rings um uns:
immer wieder
Kriege und Hungersnot,
Terror und Leid
– anderswo –

Weiße Gischt
sprüht ans Ufer:
aus aller Welt
schlechte Nachrichten,
Verbrechen und Unglück
– irgendwo –

Blitze und Hagelwolken
drohen am Horizont;
wir verschließen die Augen.

Sicher und satt
leben wir
auf geschützter Insel.

Anna Six

Eine Leichtigkeit

Nase
im Wind

Meeresrauschen
in meinen Sinnen

schreite ich
leichtfüßig

über den
Strand der Dinge

BeBe* Brigitte Breidenbach

Unerfahren

Wir saßen auf dem weißen Schiff der Liebe,
ließen uns von sanften Wogen
der Gefühle tragen.
Sonne des Glücks strahlte auf uns nieder,
doch die Wogen wurden
mit einmal hoch,
der Himmel bewölkte sich,
und unser Schiff ging unter.

Nun sind wir Gestrandete
auf der Insel der Einsamkeit.

Franka Ludwig

Wieder unterwegs

Wandern wandern
Kopfausflüge
Seelenpicknick
Abenteuerurlaub
in den zerklüfteten Schluchten
der Innenwelt
reisen reisen

durch die steinigheiße
Gefühlswüste
aufsteigen im Fesselballon
des Willens
fahren fahren erfahren
unterwegs auf
rumpligen Denkgassen
dornige Grenzen überschreiten
Erkundungsgänge
abseits der Trampelpfade
Pauschalreisende der Firma
Norm & Mittelmaß
hinter sich lassen
irgendwann ankommen
doch bald schon
wieder aufbrechen

Kai Engelke

Feuertanzen

Leergewartet,
müdegeträumt,
illusionsvergiftet
stehe ich vor mir selbst.
Wieder einmal zerknülle ich
die Baupläne meiner Zukunft.

Doch dieses Mal
werde ich stärker sein
als die schwarzen Wände,
widerstehen will ich dem November in mir
mit seiner grauen Botschaft.

Noch heute nehme ich mich selbst bei der Hand,
die Umrisse meiner eigenen Spuren zu suchen.
Ich leihe mir von der Sonne ein paar Strahlen
und übe damit
Jonglieren und Feuertanzen.

Christiane Schwarze

Wenn ich dein
Gesicht berührte,
dann nur
mit meinen
Augen.

Wenn mein Mund
sich öffnete
und mit ihm
alle Weite
meines Körpers,
geschah es
allein
in Träumen.

Wenn deine Schritte
hörbar
wurden,
kehrte ich um
und
floh.

Christiane Schwarze

Kein Leid ist grenzenlos,
wenn deine Hoffnung Zäune zieht.

Dagmar C. Walter

halbgegenwärtig

im diebischen elstergewand
fliegt der tagtraum dahin
im schnabel davontragend
meine kraft für die jetztzeit

Petra Arndt

Das Leben bleibt uns auf den Fersen

Wir verstecken uns
hinter gut passenden Masken,
lügen uns am Wesentlichen vorbei,
flüchten in billige Ausreden
und teuren Konsum.

Wir leben für die Oberfläche,
ergötzen uns an Äußerlichkeiten
und überflüssigen Dingen,
schlagen die Zeit tot
mit Rastlosigkeit und vollen Terminkalendern.

Wir tarnen uns
mit Glücksfassaden und Erfolgskennzeichen,
verdrängen unsere innere Leere
mit satten Bäuchen und vollen Geldbörsen,
verweigern unseren Sehnsüchten und
Träumen das Recht auf Verwirklichung.
Und doch:
Das Leben bleibt uns auf den Fersen.

Ernst Ferstl

deine nähe

manchmal
wenn
ich dir
fast
schon
zu nah
bin
sehe
ich
mich
in
deinen
augen
und
kehre
um

Annika Lingner

Schichtdienst

Nachts
bin ich
der Geburtshelfer
meiner Träume.

Tagsüber
ihr Totengräber.

Ernst Ferstl

Mißverständnisse

Ich wollte dir
mein Herz ausschütten.
Doch du,
du wolltest mich sofort
zur Sondermülldeponie
transportieren.

Ich wollte mit dir
in den siebenten Himmel.
Doch du,
du stiegst bereits
im sechsten Stockwerk aus.

Ich wollte dir
meine Liebe beweisen.
Doch du,
du hast mich gleich
zum Notar schleppen wollen.

Ich wollte dir
alles geben.
Doch du,
du gabst mir nur
den Rest.

Ernst Ferstl

hoffnung

in deiner straße
zerbröckeltes mauerwerk
grau erstarrt
erdiges staubgewölk
schutthaldengleich
doch aus
geröllübersäten bodenresten
erkämpft sich trotzig
winziges grün
seinen weg

Marlies Rath

Zuhören
ist manchmal wie geistiges Schlangestehen,
Warten können und in Kauf nehmen,
daß der Schalter
GESCHLOSSEN
ist,
wenn man dann endlich drankommt.

Margarethe Spengler-Thomas

Krieg der Träume

Ich war ein Blinder, der nicht sah,
wie es alles wirklich war.
Ich hatte Augen im Gesicht,
so merkte man die Blindheit nicht.
Und keiner hat mir zugetraut,
daß mein Blick nach innen schaut,
in ein Paradies der Träume,
zehn Etagen, je fünf Räume,
davon jeder voll Ideen,
die im Absoluten stehen.
Täglich wurde renoviert,
Dissonanzen ausradiert;
ein System von vielen Tasten
abgestimmt, bis alle paßten.
Alles was ich nicht verstand,
seinen Platz im Keller fand.
Und hatten die Gedanken Ecken,
versuchte ich sie zu verstecken.
Oder ich verformte sie
mit der Kraft der Phantasie.
Überstrich sie mit viel Farben,
übersah die kleinen Narben,
benannte sie als ideal
und war entzückt von meiner Wahl.

Nur ein Raum gelang mir nicht,
er lag am nächsten am Gesicht,
denn ab und zu schlich Licht herein,
und das schien ungesund zu sein.
Weil mit dem Licht da kamen Fragen,
die wollten nicht dasselbe sagen.
Und ich mußte sie bewirten,
obwohl sie mich so sehr verwirrten!
Schlichen immer mehr sich an,
bis eine schließlich dann begann,
sich einfach an die Wand zu lehnen
um den Raum mehr auszudehnen.
Und weil mein Paradies sich wehrte,
man plötzlich dann den Krieg erklärte.
Brutal, gemein und unerhört
wurde Traum für Traum zerstört.
jetzt hat mein Paradies ein Loch,
und gekämpft wird immer noch.

Monika Thelen

Sprach-Los

Er sprach zum Volk:
Gebt mit eure Stimme.
ich will für euch reden.
Und da es geschah,
war das Volk sprachlos.

Cornelia Eichner

Produkte

»Das darfst du nicht«, sagte der Vater.
Gläubig blickte der Kleine zu ihm auf und ließ es.
»Dafür bist du zu klein«, erklärte die Mutter.
Respektvoll zog er sich zurück.
»Auch dies ist nicht gut«, erzog ihn der Vater.
»Und jenes nicht recht«, erzog ihn die Mutter.
»Wenn große Leute sprechen, sagen Kinder nichts«,
ermahnte man ihn.
Also schwieg er bescheiden.
»Gib dich nicht so dumm!« rügte der Lehrer.
Und der Schüler ließ auch das Fragen.
»Er ist so linkisch und gar nicht gesprächig«,
langweilten sich die Mädchen.

Das munterte auch nicht auf.
»Sitz nicht im Hause herum!« rügte der Vater.
»Was suchst du auf der Straße?« rügte die Mutter.
»Er scheint mir verklemmt«, meinte der Arzt.
»Verschlossen!« sagte der Lehrherr.
»Verträumt. Was soll aus ihm werden?«
»Kann ich nicht brauchen«, urteilte der Chef.
»Vergrault mir die Kundschaft. Spricht kaum. Keinen eigenen Kopf. Fragt aber auch nichts. Seltsamer Kauz!«
»Organisch gesund!« sagte der Arzt.
»Und war so ein hübsches Kind«, flüstern die Nachbarn.
»Alles kümmerte sich. Familie, Schule, nichts fehlte ihm. Aber wird mit dem Leben nicht fertig.
Die armen Eltern.«

Theo Schmich

Wie damals

Du
heute bin ich unseren alten Weg
gegangen
gefangen in den Fallen der Erinnerung
allein mit der Stille
und den Berührungen des Windes
wie die vorsichtige Sprache der
Fingerspitzen
auf der Haut
unmöglich
barfuß mit der Vergangenheit Schritt
halten zu wollen
doch wie im Schatten deiner Augenlider
abhanden gekommen zwischen Inseln aus
Sternen
war einen Wimpernschlag lang
alles wie einst
ein Augenblick für die Ewigkeit
in der Verwundbarkeit
dieses Tages

Peter Würl

Ruhelos

Schwebend aus der Entwurzelung
ein Vogel ohne Schwingen
eile ich durch die Jahre
auf der Suche nach meinem Spiegelbild
endlose Straßen entlang
vor mir der lockende Wolfsruf der Fremde
im Nacken die Geiselnehmer der Zeit
ich gebe meinen Träumen Namen
müde gehetzt in den Reusen der Gassen
Heimweh nach Ferne
Fernweh nach Heimat
zwischen Schranken der Zärtlichkeit
mögliche Abschiede
hastige Aufbrüche
Brücken zu neuen Ufern
hinter jedem Berg ein anderes Tal
ein neuer Himmel
und weiter treibt mich der Wind
wolkenleicht
dem Horizont in die Arme

Peter Würl

Sieg

Aus dem Schmerz heraus
trat ich ins Licht,
eilig entflohen die
schwarzen Gedanken,
geduckt, geprügelt, besiegt,
in graue Nebelschatten gehüllt
wie in häßliche Leichentücher.
Majestätisch erhebt sich
– noch im Staube die Füße –
stolz, sieghaft und unbesiegbar
eine Lichtgestalt.
Leuchtend steht er da,
der Wille zum Leben,
befreit von Lasten, die ihn
zu erdrücken suchten;
frohlockend steigt er empor
in die Unendlichkeit.

Gisela Kaiser-Keschner

beeindruckend

du bist wie selbstverständlich
immer obenauf
du warst
wo die anderen gerade herkommen
du hast ausprobiert
was die anderen erst beginnen
du kennst
die dinge dieser welt und
du lässt uns wissen
wie man dieses und jenes und
vielleicht sogar alles
besser machen kann.
DU BRILLIERST IN ALLEN SÄTTELN.
als mensch jedoch bist du
längst herausgefallen.

Reinhard Dudda

Manchmal
möchte meine Phantasie
davonfliegen.

Dann breitet sie
ihre Flügel aus,
und ich lasse sie frei,
lasse sie fliegen.

Ich schaue ihr nach,
wie sie die Grenzen dieser Welt
hinter sich läßt.

Eine Weile
tobt sie sich aus
auf weiten Wiesen,
streift durch dunkle Wälder,
durchquert unendliche Wüsten.

Bis sie zurückkehrt zu mir,
ein paar Andenken
in der Tasche
aus fernen fremden Welten.

Dann legt sie sich zur Ruhe,
faltet ihre Flügel zusammen,
und ruht sich aus,

für die nächste große Reise
über die Grenzen
unserer Welt.

Swantje Baumgart

melancholie

meine träume sind
welke blätter im
fieberheißen sommerwind

und mein herz ist ein
zitternder schatten
im bleichen lächeln des mondes

lockend ertönt das lied
einer nachtigall
aus unerreichbarer ferne

Jutta Miller-Waldner

Unbeständig

So wie der Sturm kommt
und sich legt,
die Sonne scheint
und wieder Wolken aufziehen,
der Regen Nässe bringt,
die wieder versickert,

so unbeständig
sind meine Gefühle
für dich

Wenn jedoch
die Winter zu lange
anhalten,
die Kälte nicht mehr
aus meinem Körper will,

muß ich dich
verlassen und

auf die Suche gehen,
meinen Sommer zu
finden

Margret Kricheldorf

Im Kreisverkehr der Sterne

durch Zufall
das Leben zugeteilt
unverbaut der Blick
auf die Sonne

die Erde bevölkern
die ortsgebunden
mit Anhang
fährt
im Kreisverkehr der Sterne

Mirna Jovalekić

Die Enge erdrückt mich

Nichts regt sich.
Kein Platz zum Atmen.

Alles vorgedacht.
Durchkalkuliert.

Unsicherheitsfaktoren ausgelöscht.

Ich will
Xe und Y's,
die meine Pläne durchkreuzen,
mich zwingen,
flexibel zu sein, die Ärmel hochzukrempeln,
umzudenken – gerne auch abstrakt.

Ich will jeden Tag
eine neue Herausforderung,
will losrennen
stehenbleiben
und tief durchatmen,
will mich bewegen und spüren,

daß ich LEBE.

Angela Lessenig

Mathematik

Einst
war ich eine gute
Mathematikerin.

Aber was hilft mir das heute?

Bei dir
verrechne ich mich
immer

Unkalkulierbar wie du bist.

Doch rechne ich dir
hoch an,
daß ich auf dich zählen kann

immer.

Christa Mathies

Jagd nach Glück

Dem Glück liefst du ein Leben lang mit Eifer hinterher
und hast nun, da du müde wirst, fast keinen Atem mehr.
Es dünkt auf deinem Weg dir jetzt so vieles wohlbekannt,
und bald begreifst du auch, warum: Du bist im Kreis gerannt.

Weißt nicht, ob du zu langsam warst oder sogar zu schnell,
das Glück hast du nicht eingeholt im Lebenskarussell.
Du hast dich niemals umgedreht und wurdest keinmal schwach,
dabei war es knapp hinter dir und lief dir selber nach.

Wer spielte eigentlich mit wem so lange Katz und Maus?
Dem Glück ging auf der Jagd nach dir ja auch der Atem aus.
Die ganze Zeit warst du zu schnell und wolltest schneller sein.
Bleib einmal stehn und dreh dich um, vielleicht holt es dich ein.

Hans Kreiner

Venedigs Katzen

Lasziv hingeworfene Katzen
– weibliche Heroen –
gefallen in sommerlicher Glut.

Dämoninnen des Kirchhofes.
Wie die Geister einst verbrannter Hexen
belagern sie den Platz
vor den Portalen katholischer Askese
mit gelassener Sinnlichkeit.

Ralf Sartori

Verleugnete Sehnsucht

Will dir jemand
deine Fesseln abnehmen,
setzt du dich zur Wehr.
Du kannst
deine Gefühle
verleugnen,
doch Lebendiges
will sich befreien.
So hoch du
deine Mauern ziehst,
das Atmen
deiner Seele
kannst du nicht verändern.

Katy Haebser

Der Ausbruch

Heute ist der Tag meiner Entlassung.
Ich entlasse mich selbst
aus meiner Zelle.
Du, der Wärter, warst nicht fair zu mir.
Du hast jahrelang meine Taschen nach
Verbotenem durchsucht.
Wenn ich Freigang hatte, hast du mich
stundenlang verhört und mit deinen
Fragen und Drohungen gequält.
Ein kleiner Zettel mit einer Telefonnummer
hat mich schlaflose Nächte gekostet,
weil du mir den Schlaf entzogen hast.
Manchmal hast du von Liebe gesprochen.

Ich habe meine Zeit abgesessen.
Jetzt öffne ich die Tür und gehe.
Draußen sehe ich Menschen,
die lachen und träumen.
Heute ist der Tag meiner Entlassung.

Monika Hoffmann-Nicolai

Berührung sucht nach Möglichkeit
im Funkenflug der Zärtlichkeit

Doch helles Straßenlampenlicht
bedrängt Verklärtheit im Gesicht

Lang ersehnter zarter Kuß
sich dieser Enge beugen muß

Behutsam nackte Haut berührt
von fremder Neugier aufgespürt

Die Gefühle rasch versteckt
die Liebe ist zutiefst verschreckt

… doch Berührung sehnt nach Möglichkeit
im Funkenflug der Zärtlichkeit

Silvia Puder

Jahrmarkt der Worte

Worte gefällig?
Ich breite meine Worte
vor dir aus
wie ein Händler seine Ware:
gute Worte, freundliche Worte,
höfliche Worte, liebe Worte,
zärtliche Worte, mahnende Worte,
scharfe Worte, ärgerliche Worte.
Du deutest auf dieses und jenes,
manches gefällt, manches nicht,
doch wenn du zu feilschen beginnst,
verstumme ich,
und mein Stand bleibt leer.

Brigitte Argast

Leere

Leere wiegt nichts,
Leere ist unsichtbar,
dennoch kann sie dich
erdrücken.

Gabriele Büse

Kulturlose Bedürfnisbefriedigung

Die Lebensqualität
hangelt sich an
Einkaufskörben von
Supermarkt zu
Supermarkt.

Das neugeistige Potential
lagert statt in
Köpfen in
Kofferräumen.

Wolfram Liebing

winner

auf dem stirnband: the first.
auf dem pulswärmer: the best.
auf dem t-shirt: the winner.
auf dem polo: the number one.
auf der hose: the greatest.
auf der sporttasche: the champion.

morgen ist mein erstes training.

Wolf Buchinger

Abreise

Aus dem Muster
des gewohnten Lebens fallen
ist wie ein kleiner Tod
Die Bücher in den Regalen
schweigen
damit du unterwegs
die Taue und Seile
im Hafen
singen
und Steine sprechen hörst
Die hellblaue Wegwarte
zeigt dir neue Pfade
im unbekannten Land

Gabriele Piotrowski

So viele Jahre
Buchstabe um Buchstabe
ins Holz geritzt
mit dem Griffel aus geronnener Zeit
bis du erschrakst
über den graugesichtigen Fremden
der dir entgegenblickte
im Silberglas.

Manchmal das Ticken gehört
stockte dein Herz?
Jetzt
holt's dich ein
Lauf weg, wenn du kannst.

Dein Tag ist da.

Los, bau das Haus
aus Luft
der Plan besiegelt
mach dich bereit.

Vergiß nicht
die Fenster zu schließen
am Abend
der Nachtwind ist kalt.

Ein paar Blätter
findest du im Garten.
Sprich mit den Bäumen
sie haben schon vieles gesehn.

Dein Auftrag: Lerne.
Versuch
auf dem Wasser
zu gehn.

Bernd Giehl

ozean der gefühle

eine liebeswoge überrollt
meine seeleninsel

versickert im sand
des lebensstrandes

verliert sich
im weiten gefühlsmeer

kommt zurück

und

zerschellt
an den klippen
meiner träume

Markus Prem

quantensprünge

über die sympathie
kommt die nähe

über die nähe
kommt das vertrauen

über das vertrauen
kommt die liebe

über die liebe
kommt die vereinigung

über all dem aber
steht der respekt

vor dem menschen
unseres herzens

Markus Prem

Die Autoren

Argast, Brigitte, geb. 1955, Speditionskauffrau, lebt in Weil am Rhein

Arndt, Petra, geb. 1955, Kauffrau, lebt in Schlotheim

Baumgart, Swantje, geb. 1968, lebt in Köln

Berger, Adolf, geb. 1936, Diplomingenieur, lebt in Karlsruhe

Beuss, Sigrid, Tanzlehrerin, lebt in Verden an der Aller

BeBe* Breidenbach, Brigitte, geboren 1947, Autorin, lebt in Aachen

Buchinger, Wolf, lebt in Goldach/Schweiz

Busch, Heike, Beamtin, lebt in Offenbach/Pfalz

Büse, Gabriele, geboren 1955, lebt in Herten/Westfalen

Cesaro, Ingo, lebt in Kronach (aus „Fischblut", Gedichte aus dreißig Jahren, Verlag Erpf, Bern)

Dama, Hans, lebt in Wien (Text aus „Rollendes Schicksal", R. G. Fischer, Ffm. 1993)

Dudda, Rainer, geb. 1942, Schulleiter, lebt in Bremervörde

Eichner, Cornelia, geb. 1972, Sozialpädagogin und Dozentin, lebt in Zwickau

Engelke, Kai, freier Schriftsteller, lebt in Surwold

Ewers, Petra, praktische Ärztin, lebt in Halberstadt

Ferstl, Ernst, geb. 1955, Lehrer, lebt in Zöbern/Niederösterreich

Giehl, Bernd, geb. 1953, Gemeindepfarrer in Wiesbaden, wo er auch lebt

Griesbacher, Thomas, geb. 1962, Maschinenbauer, lebt in Maulbronn

Haebser, Katy, geb. 1979, Krankenschwester, lebt in Münster/Westfalen

Hemgesberg, Patric, geb. 1973, Jugend- und Heimerzieher, lebt in Bornheim

Hochmann, Helga, geb. 1961, Sekretärin, lebt in Schwabach

Hoffmann-Nicolai, Monika, lebt in Dresden

Hohmann, Annette, lebt in Berlin

Hopf-Kordes, Anita, geb. 1949, Pädagogin, lebt in Vlotho

Hunsicker, Wolfgang, geb. 1954, kaufmännischer Angestellter, lebt in Sulzbach

Jovalekić, Mirna, geb. 1952 in Trogir/Kroatien, Lehrerin, lebt in Albstadt

Kaiser-Keschner, Gisela, Lehrerin, lebt in Seyen-Niederwambach

Koch, Manuela, Goldschmiedin, Keramikerin und Psychotherapeutin, lebt in Stutensee

Körtner, Heinz, geb. 1921, Studiendirektor i. R., lebt in Siegen

Kraus, Rudolf, lebt in Wien

Kreiner, Hans, geb. 1931, Unternehmer, lebt in Bad Vöslau, Österreich

Kricheldorf, Margret, geb. 1956, Fremdsprachenkorrespondentin, lebt in Aachen

Kronenberg, Annegret, geb. 1939, Kauffrau, lebt in Gronau

Kuhn, Sabine, lebt in Düsseldorf

Kurzbuch, Claudia, geb. 1958, Lehrerin, lebt in Bad Birnbach

Lessenig, Angela, lebt derzeit in Dublin

Levsen, Dirk, geb. 1959, Lehrer und Historiker, lebt in Vinstra/Norwegen

Liebing, Wolfram, geb. 1955, Maschinenschlosser, lebt in Wolkenstein

Lingner, Annika, geb. 1981, Schülerin, lebt in Sarstedt

Lück, Christian, lebt in Nürnberg

Ludwig, Franka, geb. 1973, Dipl.-Landschaftsarchitektin, lebt in Erfurt

Mathies, Christa, geb. 1940, Mitarbeiterin verschiedener Zeitschriften, lebt in Würzburg

Mayr-Gruber, Sigrid, geb. 1943, Wirtschaftsschullehrerin, lebt in Gunzenhausen

Miller-Waldner, Jutta, freie Autorin, lebt in Berlin

Nakapagorn, Emely, geb. 1950, Einzelhändlerin, lebt in Kalsdorf/Österreich

Peters, Monika, geb. 1942, Sekretärin, lebt in Rheinbach bei Bonn

Piotrowski, Gabriele, geb. 1935, Lehrerin, lebt in Harsewinkel

Preda, Silvia, geb. 1955, Juristin, lebt in Sinntal

Prem, Markus, geb.1970, Student der Erdwissenschaften, lebt in St. Pölten und Wien

Prochazka, Sabine, lebt in Wien

Puder, Sylvia, geb. 1957, lebt in Wien

Rath, Marlis, geb. 1948, lebt in Langendernbach

Rumohr-Neumann, von, Ingeborg, lebt in Pforzen/Allgäu

Sartori, Ralf, geb. 1962, Bühnentänzer und Tanzpädagoge, lebt in München

Schmich, Theo, geb. 1935, Chemie-Ingenieur, lebt in Essen

Schmidt, Rosemai M., geb. 1950, Grund- und Hauptschullehrerin, lebt in Tübingen

Schulzke-Benz, Susanne, geb. 1959, u. a Dekorateurin, Synchronsprecherin, lebt in Windach

Schwarze, Christiane, geb. 1960, lebt in Hornberg/Ohm

Six, Anna, geb. 1937, kaufmännische Angestellte, lebt in Simbach am Inn

Spengler-Thomas, Margarethe, geb. 1955, Erwachsenenbildnerin, lebt in Guyancourt/Frankreich

Steck, Hartwig, geb. 1976, Student, lebt in Ludwigshafen

Stein, Heinz, geb. 1934, Holzschneider und Illustrator, lebt in Gelsenkirchen

Strecker, Iris, geb. 1969, Heilpädagogin, lebt in Weissenberg

Swoboda, Monika, lebt in Ednat, Österreich

Taormina, Emilio Paolo, Dichter, lebt in Italien

Thelen, Monika, lebt in Aachen

Thorn, Almud, geb.1938, lebt am Grundlsee/Österreich

Ulrich, Waltraut, geb. 1935, Industriekauffrau, lebt in Bremen

Unterhuber, Siegfried, geb. 1967, Sachgebietsleiter, lebt in Ampfing

Upmann, Silvia-Doris, geb. 1937, Verkehrskauffrau, lebt in Berlin

Walter, Dagmar C., lebt in Bremen

Weichselbaumer, Friederike, geb. 1948, Schriftstellerin, lebt in Altmünster am Traunsee/Österreich

Weigelt, Brigitte, geb. 1944, Verwaltungsangestellte, lebt in Neustadt/Sachsen

Wiedemann, Heinrich, geb. 1925, Dipl.-Forst-Ing. i. R., lebt in Lindenberg/Allgäu

Würl, Peter, geb. 1946, lebt in Obergünzburg/Ostallgäu

Würtenberger, Ingrid, lebt in Freiburg

Die Herausgeberin

Kristiane Allert-Wybranietz wurde 1955 in Obernkirchen (Niedersachsen) geboren und lebt heute in Auetal-Rolfshagen.
Mit ihren Verschenk-Texten wurde sie die erfolgreichste Poetin der achtziger Jahre. Sie ist Herausgeberin zahlreicher Gedichtbände und Erzählungen. Im Wilhelm Heyne Verlag erschienen von ihr bisher fünfzehn Bücher, zuletzt der Herausgeberband mit Märchen und Geschichten: »Nur ein paar Schritte zum Glück«.

Ein Hinweis zum Schluß

Kristiane Allert-Wybranietz wird auch weiterhin unveröffentlichte poetische Texte und Gedichte sammeln. Sie freut sich über jedes neue Manuskript, das zu ihr gelangt. Die große Anzahl der bisher eingesandten Texte hat allerdings gezeigt, daß es leider nicht möglich ist, alle Originale wieder zurückzuschicken. Daher die herzliche Bitte: Schicken Sie Ihre Texte nur in Kopie an folgende Adresse:
Kristiane Allert-Wybranietz
Zum Horsthof 6
31749 Auetal-Rolfshagen

Poetische Texte
von unbekannten Autoren,
gesammelt und ausgewählt von
Kristiane Allert-Wybranietz.

Schweigen brennt unter der Haut
Poetische Texte
ISBN 3-453-04772-9

Abseits der Eitelkeiten
Poetische Texte
ISBN 3-453-00020-X

Wir selbst sind der Preis
Poetische Texte
ISBN 3-453-03219-5

Stark genug, um schwach zu sein
Poetische Texte
ISBN 3-453-06316-3

Träume nicht nur für den Tag
Poetische Texte
ISBN 3-453-08023-8

Leben beginnt jeden Tag
Poetische Texte
ISBN 3-453-14320-5

HEYNE